LA CORRIENTE INCESANTE DEL RÍO

Para María, mi compañera de PIC.
Pues sabemos estar preparadas para el qué vendrá.
Con afecto,
Manuela
23/04/2024.

Mariela Yúfera Sánchez

LA CORRIENTE INCESANTE DEL RÍO

Círculo Rojo
EDITORIAL

Primera edición: Abril 2023

Depósito legal: AL 560-2023

ISBN: 978-84-1175-244-2

Impresión y encuadernación: Editorial Círculo Rojo

Editorial Círculo Rojo

www.editorialcirculorojo.com
info@editorialcirculorojo.com

Impreso en España — Printed in Spain

CAUDAL PRIMERO

"Cuando tu daemon surja, no intentes pensar conscientemente. Deriva, espera y obedece."

-Rudyard Kipling-

Autoservicio

Me encuentro al servicio del pensamiento
que a cada momento
es parte de mí misma.
Me instalo,
sin motivo alguno,
en cualquier recuerdo de mi vida.
Me invado de palabras
que por aquel entonces recibía.
Me asumo en la mismísima verdad
que me produce
el sentirme yo misma.
Todo se envuelve y relaciona,
todo me llega y acribilla…,
todo se traduce a una vida,
que, por momentos como este,
se siente perdida…
y se transforma
en unos pensamientos
que la caracterizan,
devolviéndole parte de ella misma.

20

Solo quería escribir
para que se supiera algo de mí.
Hace tiempo
que no acudo a esta vocación.
Hoy solo tengo deseos de decir
que esta tarde,
al mirarme al espejo
mis labios estaban perfectos,
es decir,
en perfecto estado de soledad
y en camino
para olvidar a besar…
Y todo eso, créeme,
me fastidia mucho a mi edad.

33

Aquí sentada. Sin forma.
Capto sonidos
dirigidos por palabras
y los vierto
en la derramada esencia
con aroma de azahar
de la estructura sin pensamiento
que, añadido a cualquier misterio,
absorbe el encuentro
          esbelto
                    joven
                              libre…,
un encuentro imaginado.

34

Quemándome,
sintiendo un sentir
atolondrado,
olvidadizo,
a llamaradas de suspiros,
un quehacer
saturado,
cotidiano,
ardiendo
a miedos de cueva
por soledades de vértigo
en caminos de silencio,
en sentido quizá, equivocado,
sintiendo,
a flote de peso vencido,
sospechando cualquier equilibrio.

35

Estaba galopando
en la aventura del estudio.
Apareces a mitad de camino
cuando mis ojos necesitan versos.
Leo alguna que otra cosa,
Rimbaud, Rilke, Aleixandre…,
pero sigues de pie, inquietante,
en mi recuerdo.
Merecías mi atención,
quería darte movimiento,
andabas por mi mente
con pausado genio.
Ese pensamiento
se transformó en
playa, campo, paseo;
compañía, encuentro, deseo;
fiesta, inquietud, veraneo.
Momentos de un tiempo
que había que vivirlo,
la historia de nuestras vidas
condenada a ese juego,
obligado capricho,
inválido instrumento
para el acercamiento,
oficiosa gentileza que
encuentra su camino
en el sentimiento
y cálidamente
se paraliza en el recuerdo.

36

Siempre se procura
no alterar a la tristeza,
pero un acúmulo
de situaciones exteriores
te abordan, te destrozan
indefensa.
Y sin querer, perdóname,
se daña sensiblemente a la alegría.
Al herirla ya no tienes
a ninguna amiga
ni a la alegre compañera
que en momentos como este
te anima.

1982

No me llega la palabra
que con tanto aliento pronunciaba.
Vivo envuelta en un abismo
de rapaces infinitas,
concentrada en pensamientos,
diluida en mí misma:
pura melancolía
gobernada en mis momentos
por la libertad de mi vida.

Caos

Perpetua
clandestinidad del pensamiento
que, ebrio de tanto dolor,
asoma luciérnago
por las espesas sombras de la
verdad.
Con torturas de gaita quebrada
se aclama y vigoriza,
estudiando los sonidos que no existen
y las formas sin crear.
Estimulándose, asfixiándose
por conducirse
hacia
el camino
de la caótica imaginación
que promulga un
derrumbamiento
del
pensar.

Ceniza

Me odio urgentemente
entre escombros del cuerpo,
para amanecer
en acuerdo de la locura
y hacer así un rito salvaje
que me asile, hacia
una
            exquisita
                        vendimia…
por un desdeñoso licor de sangría
que desencaja
el roto cristal del síntoma
para encajarse
en la escocida sentencia
      huidiza
            del
              día
hacia el sobrio peldaño de la muerte.

Y soy la consecuencia
del estaño dolorido: fuego,
que envejece la escogida abstinencia.
Fuego
que enaltece así
los sórdidos minerales
de un caos poético.
La vida para la muerte.
Octubre para noviembre.

Confusión

Perdidas las manos,
alborotados los gestos,
cerrados los ojos,
sentenciados los pasos,
anárquicas las palabras,
poseído mi corazón.
Perdida.
Es uno de esos momentos
que por lo de inquietante
se paraliza el entendimiento
y se mezclan sentimientos.

Conversaciones

Converso
y lo hago en silencio
cuando a veces presiento
que una fugacidad nueva se conjuga.
Miro, hago gestos,
y por cada instante
se formula
ese nuevo modo de expresarme.
Se asocia entre nosotros
como si de una soga acariciante
se tratase
que por su fuerza
ambos extremos atraen…
Y a dúo se llevan la mejor parte:
la poética del gesto,
la intensidad del lenguaje en silencio,
la forma invisible de aceptarte.
El silencio sabe de tanto
que se convierte en la palabra hecha arte.
Domina, atormenta,
se esconde, nos sabe…,
es la belleza del momento
que a todos nos invade
como un astro solemne
de miradas y de gestos
que nos llega sin sonidos
dibujados en el aire.

Criaturas

Al leeros, poemas,
criaturas nacidas de la inconsciencia,
monstruosamente creados
sobre las palabras perfectas.
A veces necesitados
de sutiles aportaciones,
magistralmente fabricados
bajo el látigo de la mano
A vosotros, poemas…,
que con satisfacción ocupáis
grandes espacios en blanco,
que permitís el lujo
de no bautizaros.
Que sois lo que sois,
porque así sois,
… a vosotros,
inquietantes fenómenos de la comunicación.
Merecéis todos mis respetos,
el de todos mis borrones,
el de todas mis declinaciones,
el de todas mis oraciones
para poder seguir escribiendo.
Gracias.

Cuando escribo

Cuando escribo,
no suelo hacerlo callada,
me hablo a mí misma,
me cuento las cosas,
me relajo yo sola, sin nada.
Cuando escribo,
lo hago al natural,
libre de todo
sin ninguna norma…
Me quito las botas
y me quedo descalza,
me estiro al completo
y las palabras se alargan,
o cruzo las piernas
y mezclo las ideas
y con los dedos
hago un montón de frases sueltas y,
atónita, me tumbo sobre la mesa
Pero siempre siempre…
estoy despierta;
aunque a veces, inconsciente,
me veo a mí misma y
entonces, me pongo alerta…
Me revuelvo, me busco
y bajo la idea
me encuentro…
cuando escribo.

Huellas en voz

El poder de las palabras,
el sentido que se les da,
la necesidad de comunicarlas.
Pensar. Sentir. Callar.

Palabras.
Sonidos comunicadores que
instantáneamente invaden
el pensamiento,
el sentimiento.

Palabras
que cada cual
entiende, estrecha, relaciona,
destroza, busca, crea…

Palabras
que brotan del interior,
que crean un mundo,
quizás, censurado por la razón.

Palabras
que te hacen pensar,
palabras
que te hacen sentir
y luego, más tarde,
callar.

Las escucho,
se detienen dentro de mí.
Ellas llegan cla-ra-men-te.
Ahí están.
Me acarician, golpean:
si-len-cio-sa-men-te callo.
Las escucho con intensidad
y son ellas..., palabras...
Sensibilidad, insensibilidad,
paciencia, impaciencia,
confianza, desconfianza,
firmeza, flexibilidad,
orgullo, humildad,
compasión, crueldad,
respeto, irreverencia,
valor, temor...

Las que crean
ese momento de duda
que te detiene, y, entonces,
adviertes una necesidad;
no sabes si...
pensar, sentir o gritar.

Junio

Soy la primavera
que escribe al verano
para que sienta que
día a día se va acercando

Lo notan mis pétalos,
que ante la caricia de tu sol
van en despojo
sentenciando tu estación.

Lo sienten mis raíces, que,
sedientas,
me piden que bañe
a mi primavera
en la orilla de espuma blanca
que tu tiempo me acerca.

Mis hojas se cierran,
necesitan de la sombra azul
de mi día en tu noche ,
mirándote con caricias,
y así, más tarde,
tenderme fresca
en mi noche con tu día
acariciándote con miradas.
Escuchando melodías del verano,
gaviotas,
con los aromas de seda
de una lluvia que
por momentos
se convierte en primavera.

Llegan esos días

Me encuentro sola
en mi casa
en mi habitación.
Sola me encuentro,
me siento con mis cosas,
mis recuerdos,
sola, hablando yo sola,
a mí.
Sola contesto a otro yo
solo con otro tono de voz.
Me encuentro mal,
el estómago me daña.
Estoy triste como esos viernes,
apática, cansada, aburrida,
deseosa de estar… contigo,
de reunirme… junto a ti.
Perderme sin mí.

Mirar atrás con dieciocho

No quiero
que cuando pase el tiempo
y mire hacia atrás
se quede grabado en mi conciencia
como algo irreprochable
eso que quise, quise,
pero no conseguí.
No puedo arrepentirme
de lo querido y conseguido
si una vez que lo tuve
fui feliz.

Palabras antiguas

Prehistoria rocosa de sonidos
quebrados
que lejos ahuyentan
la fuerza del miedo.
Cuernos clavados en formas de cuevas
infinitamente oscuras
por las antorchas encendidas,
las voces apagadas.
Monstruos enlazados entre
furia y deseo
por un amor de destrucción
hacia la destrucción del amor
que solo se transforma.
Sonidos de grito entre piedras
de eco
que enreda la yedra de las ondas
del tiempo y
erosiona.
Edad antigua
de tapices sin fondo,
de metales extraños
y sentimientos caducos de amor,
sobre sandalias de palacios
de mármol sin barnizar.

Las edades antiguas
de las palabras antiguas,
sin edad.

Totalidad

Hoy me va lo de escribir.
Tengo las palabras
en la comisura de los labios.
Las palabras me besan
y me llenan tanto,
son
tan dulces,
tan hechas,
tan bellas
que me gustaría
que estuvieras
para que entre
tú, ellas y yo
ideáramos un trío inseparable
de incalculable valor
en este momento
con un triste sentimiento
sin ninguna experiencia.

Verso libre

Te verso un beso.
En la distancia
no existe otra modalidad
en la que yo sepa sentirte.
Pronto espero
besarte un verso;
es más, si te gusta,
te besaré un poema de verso libre.
Porque es más natural,
no hay nada forzado,
es un estilo acompañado
en donde la sensación, todo ,
se escribe con una mirada,
se pronuncia con las manos
y se versa con el cuerpo.
Es algo así como
bailar la danza
de los pañuelos que ondean en el aire
sin dueño.
Aprender a quererte sin palabras,
las cambiaré por besos, versos, gestos,
pero mientras tanto
déjame que te sepa a distancia
… con la sensibilidad
que me produce…
el saberte a modo de verso libre.

CAUDAL DEL ENTUSIASMO

*"Para fugarnos de la tierra
un libro es el mejor bajel;
y se viaja mejor en el poema
que en el más brioso y rápido
corcel.
Aún el más pobre puede hacerlo,
nada por ello ha de pagar:
el alma en el transporte de su
sueño,
se nutre solo de silencio y paz."*

-Emily Dickinson, Ensueño-

Amar la noche

La tarde está cayendo.
Crece la noche bajo un techo suicida que la otorga y acompaña.
Todo, absolutamente todo, envuelto
en un sepia tibio, claroscuro de fachadas, de miradas, de estancias.
Todo se escapa para huir a lo profundo,
a la noche inmensa que espera y marcha.
A la noche crecida como una ola,
súbitamente arrancada de lo constante del momento,
de un silencio
que acompasa los latidos empapados por un río
en eterna búsqueda del mar.

Todo sigue cayendo,
movimiento de un gesto cotidiano,
dulcemente saboreado entre sudor de creación y de jornada.
Es la esencia de la noche.
Noche que está creciendo sin hora de llegada,
a sabiendas de una tarde cansada.
Visillos que corren lentamente como acariciando la ventana.
Miradas que, bañadas por párpados de dulzura,
intimidan y esclavizan a otras miradas.
Lágrimas desbordantes, como siluetas puras talladas,
de un sentimiento cercano a otro sentimiento
que no acierta a encadenarse en tormenta del corazón:
lágrimas, agua, llanto mineral , vida.

Luces que se apagan. Velas acabadas.
Noche oscura, tendida en silencio,
con las sábanas del cuerpo
y el alma mullida de los sentimientos;
para acercarte entre susurros cálidos
hasta el borde mismo de los deseos, mojados,
de un amor intenso,
que con la uña araña el refugio de las voces jadeantes
que llevamos dentro, muy dentro,
donde lo invisible se hace accesible.
Lugar, donde empuñando tu arma gótica, penetrándola,
rompes y te expandes en escala geométrica
a otro espacio, sin tiempo,
sin dejar ni un solo momento
el ritmo incesante, necesario, espontáneo que
desde tus formas vislumbra al hombre y
clarea la bestia que llevas dentro
para acercarte entre susurros a lo visible:
palabras que iluminan la noche oscura y besan a las almas,
a las formas escapadas.

Palabras que apetecen.
Palabras que acercan
hasta el aire de otros mundos que no existen,
porque no los ves, pero están porque los hablas.
Son palabras que aclimatan el cordón de plata:
hilo invisible de la tela de los sueños
que nos guarda un pensar esbelto, aterciopelado, frágil
Un cordón de plata que entreteje y capta
los sentidos de los sueños para arroparlos con caricias mentales,
el fin último
de nuestro pensamiento y de nuestro amor:
lucirnos en la bóveda del entendimiento.

Y así, en acuerdo total con la ternura
y por una locura que derrama dicha, fuerza y deseo,
creamos formas inimaginables,
más bien parecidas
a un monstruo de dos cabezas
que a dos animales en trance y propios a extinguirse.

Y fue la noche oscura, sin bridas,
ese grito que ensordece mi Levante,
como una oleada de estímulos
que alimenta a la noche
con las yemas de los dedos incontrolables, infatigables;
dibujando mi cintura salvaje
para devolverla, con un desarrollo muy dulce,
a su estado original.
La noche está cayendo y el amanecer está desordenado.
Nuestros cuerpos,
ausentes de energía y plenos de gozo,
dejándose llevar por el silbido del sueño
que nos transporta rendidos
hacia un paisaje de felicidad.
Los rayos de luz se filtran por el visillo de la ventana y
todos siguen durmiendo.
La chimenea bailando ascuas.
Cerca un gallo anuncia su despertar.

¿Cómo acompasar?

¿Cómo acompasarte,
                                        acompañarte
con las sensaciones que me refuerzan
el sentimiento ágil,
que no se borra sobre cualquier superficie?
Estimularte de una contaminación
de mar endulzado con gotas de lluvia:
llanto mineral
que se filtran sin cesar,
en emboscada de onda
hacia un encuentro submarino:
fuerzas disminuidas
de rayos como lanzas quebradas,
incontrolablemente empuñados
por un sol que reclama
                                                    vapores,
                                                    vida.
Hirviendo cenizas
como hierve el deseo.

Condensando la arena del tiempo
en llamadas que provocan llamaradas
por el estridente ruido
de un reloj cayendo
gota
a
gota
sobre la arena del tiempo de mi cuerpo
para un devenir continuo
hacia la superficie de mis deseos.
En esencia
de la infinitud del amor, del tiempo
que te estoy queriendo.

Concesiones

Ceder al tiempo
la forma insostenible de un momento.
Asombrarte ante la espera que no
cesa, y llega.
Acostumbrarte a una abstracción
de reflejos, de recuerdos
                    extendidos
que no se encuentran.
Saber sin ciencias ciertas
sobre la estructura solicitada
de una metamorfosis
                    en soledad
porque no puedo creer
ni entiendo el aceptar.

Aterciopelarte de sistemas resbaladizos
que aumentan el espesor
                    de la espera
y conversan con libros cerrados
hasta amontonarse sin saber.

Es la misma especie
que tiende a extinguirse,
a paso acelerado,
entre formas insostenibles de amor
a un tiempo abstracto.

Cuando escribo

Cuando escribo,
no suelo hacerlo callada:
siento gritar mi corazón.
Tampoco me caliento la cabeza
cuando escribo.
Me envuelvo en la nube
que llega a por mí y,
oxigenada, siento perder la razón,
rozando el subconsciente, extasiada
formulo mi crítica.

Cuando escribo
soy yo.
Son todas mis formas
expuestas al exterior…,
y siento hervir mi corazón ,
suicidando
con lágrimas
lo que llega a mi interior…
… cuando escribo…

¿Cuánto?

Con importancia.
La medida de mi libertad en
todas esas pequeñas cosas, gestos, formas
que, con cariño , con importancia,
se van acumulando, sin medida.

¿Podrán bloquearse?
pues
su libertad sin medida,
el perfecto estado,
radica en
demostrarte, amigo, amiga,
que sí,
te quiero amar
con importancia,
sin medida,
con lealtad.

Deja

Déjame que te escriba
tristes
los versos esta noche,
porque, si no,
todo carecería de sentido.
Déjame que te sienta
en la distancia...,
como algo profundamente vivido.
Déjame que me incorpore
en tu recuerdo
como un bello momento de tu vida.
Deja que a través de estos versos
me sienta viva.
Olvídate de aquel circunstancial argumento
que fue tarde
en una de tantas.
No te olvides de mis sentimientos,
pueden ser amanecer
en cualquiera de nuestros días.

Día a día

Etapas de una vida
que se pueden contar
con los años de decadencia
de las décadas contadas.

Vida…, solo una,
que pasa desdeñosa,
sin parar;
por las cimas arriesgadas,
sin peldaños que pisar,
que mortifican…
día a día
el sentir de las pisadas
con escaleras rotas
que no te dejan avanzar.

Disco insomnio

Atmósfera candente
por sombras de color decididas.
Movimientos en ausencia de tu cuerpo
por el sonido de unas luces sin nombre.
Sombras revueltas
atraídas por el eco
de esas luces que atraviesan en directo
miradas infinitas, profundas, queridas.
Espacios sin fronteras
llenos de reflejos
que insinúan el cambio
sometido al tiempo.
Tiempos de vida,
del instante, del momento
en que esa atmósfera
con música de nuevos encuentros
se vuelve movimiento.

El vuelo

Es esa palabra
en forma de ave
que volando bajo
te acaricia con el aire.
Y te llega muy dentro
planeando insaciable
la aventura del destino
que, volando,
no deja de asombrarte.

Y transfieres los deseos,
presencia indomable,
para saciarte volando
de las escenas imparables.
Las noches de luna.
Las caricias suaves.
Del fuego que delata
el mar en donde eres ave.

Y vuelas, vuelas…
en lo inmenso
y te vives,
y te evades,
y te llamas a ti mismo
hacia la profundidad del aire
para encontrarte con la palabra
que se siente
y se sabe…
Porque eres tú
quien hace que vuele
para convertirla en ave.

Fuego

He visto el atardecer
que brota de dos fuegos.

El cielo se vuelve salvaje
y la vida después
un tormento.

Es el amor
que cambia de color
según la melodía del cuerpo.

Nos sentimos tan fuertes,
                    seguros,
vivaces.
Vinculando nuestra mirada
en un beso… lento,
              jugoso,
ansioso…
por encontrar en otros labios
la verdad del universo.

Todo entonces
se torna espontáneo y cristalino.
La naturaleza
nos desbloquea los impulsos
cuando llegamos
queriendo
a ser un solo cuerpo,
rendidos
de la pasión
del amor
de tanto tiempo
queriéndolo.

Idas

Encuentros esenciales,
penumbras irascibles
de sombras en puntillas
que escapan,
a todas luces,
del devenir
con tus pisadas.

Salidas repentinas
de mi cuerpo
a otro cuerpo,
esperando el regreso
de mi alma,
de tu alma.

Con el corazón de la espera
y la fuerza del viento,
arriando velas.
Atrapando
las cuerdas
de los rayos
del tiempo
que tocan una música
de pena y nostalgia.

Nos decimos adiós
extendiendo
de las manos
los dedos
como hilos invisibles
que nos mantienen
en la línea infinita
el amor que tenemos
y nos deben.

Infinito

Acudo de nuevo a lo infinito,
al proceso instantáneo
que me acaricia,
a todas esas formas, indefinidas,
que entorpecen lo cotidiano,
revalorizándolo.
Es el devenir
de una dormida sensación
que desconcertada
por el sudor de una lágrima
despierta en la noche
sin luz ni esperanza.
Y buscando el recuerdo,
una mirada
tropieza cayendo a lo perdido,
inconsciente por el dolor que la salva,
y lo único que le queda
es el sentido de totalidad
que le acompaña.

Interiores

Es la noche.
Escucho
a través de cristales y ventanas
la fuerza del mar,
la ola
inquietante y penetrante
que me arranca.

Es la noche entera,
en silencio,
el grito que ensordece mi Levante.
Llena de viento,
cargada en el aire,
sin saber evaporarme,
pretendo ser inmortal
y presentarme junto al cauce,
como víctima y testigo
de lo que llega a ser presenciable.

Y rezo escenas,
y canto palabras,
y siento enjaularme…,
  volátil ,
cruzando en mil ideas
las formas insaciables
que perturban la noche
y enfurecen al aire,
agitando a la ola
que me espera abordable.

Y llego inconsciente,
sin creencias explicables,
soportando agitaciones,
interviniendo en el desaire…
Y llegando a lo profundo
me veo en la superficie, ahogándome,
estirándome al odio,
pataleando al calor,
llorando a la muerte…, perdida,
sin aire…

Y en lo profundo,
abatida por las llamas de coral,
entre danzas de burbuja
y estancias de sirena;
galopando
por las ondas del mar,
en lo profundo,
en la noche inmensa,
es en donde inmortal
me siento vibrar
con espacios al aire
en escenas infinitas
junto al mar.

Inviernos

Busco
esa mirada infinita
que me decida
hacia el fuego intenso.

Traduzco
por ondas de silencio
la enfermedad del cuerpo
que llevo dentro.

Y no me detengo,
        pero no me encuentro.
Y no tengo miedo
        y sigo buscando
y vivo…
        Pero me muero
todos los inviernos.

Lágrimas

Asilada a la palabra
entre fotocopias estremecidas
que me aíslan más todavía
a la asepsia desacertada
de una costumbre atemperada,
hacia unas sensaciones góticas: lágrimas.
Armadas a la mística
de una fuerza barroca
que gravita a lo inesperado
y se hace necesaria.

Unas danzas sostenidas
que mejoran la caída
de los pétalos de las rosas:
confeccionando el
poema aterciopelado
de los días apuntalados
que empeoran el malestar
de una gota de mar
que se está helando al caer.
Mientras cae,
en lo sostenido de estar cayendo;
vive, sin armadura,
el dolido amor de un duro frío
que estremece hasta el lenguaje.

Momentos

A veces me hablo
y caigo en lo tierno,
entonces me escribo
para saberme sensible.

A veces me hablo
y no me sé escuchar,
y las palabras que enhebro
me desbordan en lo insostenible.

A veces me hablo
y me suavizo en el recuerdo,
propagándome como una llama
que se extingue.

Nostalgia

¿Y qué nos queda? Dime.
¿Acaso una nostalgia
                    dañada
por el motivo del tiempo?
                    Dañada y arrugada
por ella misma.
                    Una nostalgia aplastada
por la ictericia de la palabra…,
                    … desorbitada.
Dime. ¿Qué nos queda?
¿Acaso una libertad
                    confundida
por un movimiento que
mira a la derecha e izquierda del tiempo?
                    Confundida
por un deseo que
                    entorpece y no cesa.
                    Que no cesa.

Nos queda
            una nostalgia en libertad,
            dañada hacia la confusión
            que se arruga
con motivaciones en movimiento
de un tiempo,
aplastándose para entorpecer, en ausencia,
la ictericia del deseo;
asistiendo a una palabra…
desorbitada,
que no cesa…

Dime. ¿Qué queda?

8 de marzo

Bellas flores secas
al filo de mi mirada,
que se esconden tímidas
por el hueco de la ventana,
frenando los impulsos
de un día sin lágrimas,
escondiendo entre el aroma
su belleza innata.

Colores de un cobrizo
que favorece a la tierra
que las vio nacer.
Fuertes, esbeltas, sin trampas
para el goce del sol
y la aventura de unas manos
que algún día las habrían de recoger
para luego enviártelas
entre urnas de cristal
o papeles en celo,
con mensajes infinitos
escondidos entre el olor
de los deseos por crecer,
escondidos por el sabor
de los besos que no pueden ser…
Pues no existe el tiempo
en la escala geométrica
que inunda de luz
el hueco entre la ventana
y el filo de mi mirada.

Bellas flores secas,
muertas de lágrimas
sin tiempo.

Periplo

Designios. Promesas.
Eslabones. Peripecia.
Zonas en bondades perdidas
que aglomeradas
por estar sin vida
se afligen y pudren.
Promesas. Eslabones
que se encuentran
de una forma socorrida
y sin negarse…, peripecia.
Carcajadas del saber
asqueado, asfaltado, asfixiado,
atemperado.
Carcajadas perdidas,
que, sin adormecerse,
se escapan a un sueño sin vida.
Y así van acercándose
los designios,
las promesas,
y por aglomeración de bondades
en pérdida,
sin querer, pero sin alejarte,
te proyectas hacia la peripecia.

Pop *songs*

Letras de canciones,
sonidos de otro tiempo
que transportan
inconscientes
la alegría y el recuerdo.

Letras de canciones
que anuncian
momentos de la historia.
Ritmos sostenidos
y armonía descontrolada
que enfrentan
al tempo…
y a la nada.

Acordes y notas
vacilantes,
sin corcheas protectoras,
dibujando un pentagrama
del caos de la vida…
Ingenio…

Música, música y
más música,
maestro,
please.

Querer

No es solo
sentirte vivir en mí.
Es más,
vivir en ti, sintiéndome
allá, más allá , con distancia.
Es quererme evaporar
de libre materia volátil
y en lo alto, más allá, en distancia,
… querer…, al verme, vivir en ti.
Tus pensamientos, tus miradas, tus besos…,
fugacidad del momento,
arderán con mi envoltura
de dulce seda tendida
más lejos , allá ,
dejándote llevar,
rendido tú
ante el distante sabor de la caricia.
A través de ella,
como una cueva,
sin el alivio de la luz,
atrapado por un sendero
de meta inabordable…,
… fuera la distancia…,
algo, fugazmente apreciable,
y es por ella
en donde yo
iré viviendo en ti.

RIP

en memoria de mi padre

Te recuerdo,
vuelo contigo a cualquier parte,
junto
a ti,
me desenvuelvo
para envolverme
en ti,
intento enlazarme,
me comunico,
te siento,
me evado de
cualquier sueño
para pensarte,
para acercarte,
y en la distancia
sobrevivir.

Sin más

Ante la pesadilla del día
sueño con el insomnio
para afinar mis palabras
y dividirlas
y atraer los resortes de una vida
multiplicándola
cuando escucho los sonidos extraños
de un continuo sueño humedecido
por la nostalgia de no vivirlo.
Y, sin más,
pues el más no existe,
se me resta la vida de vida,
… y ocurre sin cesar.

Sueño

Y podría seguir durmiendo
hasta que nadie me despertara.
Clavarme en el espacio de
mis sueños
sin un tiempo
sin querer siquiera.
Ondular en escala geométrica
el aire con las sábanas
y seguir durmiendo
sin ideas y sin nada.
Olvidarme por completo de mí misma,
sin deseos de despertar.
Llegar a algún planeta
desconocido
en el reino de mi tierra;
entre rocío, escarcha ,
iluminador de las sombras,
humedecedor de mis sábanas
de plata,
seda y carmín de mis labios

Podría dormir un sueño
hasta que nadie me despertara.

Vida y dolor

En la vida, sin vida,
cuando apenas
sin vivirla… ya te duele.
El terror de la vida sin razón,
del desprecio con fuego
que quema
en palabras que no cicatrizan.
Pesadumbre continua,
dolor enrabietado
cercano a una vida equivocada.

Dolor y más dolor
que nos abrasa.
Dolor y más dolor
que nos aparta.
Sin darnos tregua,
sin decirnos nada,
sin poder, siquiera,
soltar una lágrima.

Cuando el dolor es dolor
y es tan profundo,
te estremeces en silencio,
cierras la mano,
la sangre te hierve
hasta lo insospechado.
El cerebro, que no piensa,
arde, nubla, asfixia, siente, llama…
al ver con sus ojos
lo indomable de la rabia.

La vida sin vida,
el amor sin caricias…,
las palabras sin miradas…,
formas de nuestra presencia
que irremediablemente ahuyentan
la oportunidad de saborearlas.

Es el respeto, el amor, las palabras,
fuente inagotable que
calma el dolor
a quien lo abraza.

CAUDAL PARA LA FIESTA DEL ALMA

«Solo hay una solución al intrincado enigma de la vida; mejorarnos a nosotros mismos y contribuir a la felicidad de los demás».

-Mary Shelley, El último hombre-

Allí

Allá donde las esferas
brillan su contorno.

Allá donde los mares
se refugian en la orilla.

Allá donde tu mirada
se instale…, hay vida.

Allí ,
lugar donde todo puede ser.

Entre el ir y el venir,
como el despertar de la vida,
y con la cara enjabonada
de alegría,
respira mi encuentro,
respira mi vida…

Más allá,
donde las cosas
tienen un porqué.
Más allá,
donde el infinito
marca su línea.
Más allá del más allá

Allí,
lugar en donde
todo puede ser.
Es donde yo
te quiero
                ver,
                oler,
                saber,
                querer.

Más allá, sin ti,
nada.

Alto y claro

¿Qué son tus palabras?
Un reproche indefinido
de situaciones
desencadenantes
de un quehacer cotidiano.

No te canses, no.
No te preocupes.
Rasgaré mi amor
para encontrarte
en el límite mismo
del lirismo
y tropezar con la verdad
sin amargura.
Aseada
de todas maldiciones,
firme, coherente,
dejando atrás
la estela de las decepciones.

No hay nada más grato
en una vida
que mirar de frente
sin orgullo,
sin temor,
sin envidia…
y responder
a todas las preguntas
con la naturalidad
que el corazón
te ofrece.

No te engañes, amor,
alto y claro.

Aporía

La esfera brillante,
transparente,
de la órbita
de tus ojos
me sumerge
en las profundidades
de un mar
que aún no he visitado.

Conozco las mareas,
los vientos y tormentas
que te han traspasado.
Las corrientes internas que
te han arrastrado
y por las que has
llorado también, dejando
una estela
de acontecimientos
a los que no te puedes sobreponer.

Veo aquello que no quiero ver:
una huella marcada
con las uñas envenenadas de tiempo
y la fuerza bestial que ejerce el recuerdo
hasta la gravedad de este momento.
Comprendo tu sufrimiento
y me duele
hasta la distancia que tardo
en acercar mi mano a la tuya.
Qué silencio más grande,
¡qué aporía!

Ausencia

Al no estar contigo,
al volver a casa y
… no verte,
es como si
te hubiera abandonado
y no recordara dónde.

Me despierto
en momentos
que me anuncia mi mente
y pretendo salir a verte,
auxiliarte,
ayudarte,
darme a ti.

Recordar cómo te fuiste,
agonía,
los quince minutos
más largos e impotentes
de mi vida.

Daría marcha atrás,
volvería a recorrer contigo
la última tarde,
tu necesidad
de ir
a cualquier parte.
Pasear con tus sentimientos,
estar a tu lado animándote.

Ese ha sido mi anhelo,
ahora es mi desconsuelo.
    Tu pérdida.
        Tu ausencia.
Aceptar que
                no volveré a verte.
Aprender a
                no buscarte.
Madre, jamás olvidarte.

Azul

Todo es azul.
Lapislázuli,
la luz
abierta entre oleadas
con la espuma
de tus palabras,
con la brisa
de tu mirada.

Luz de azul.
Ojos que despiertan
la tempestad
de tus llamadas.

El azul de la luz
que todo lo atrapa.
Lápiz azul
que enfrenta
como único testigo
de mi vida
tus palabras,
que se graban
con los actos
y las actas
de notarios ilustres
que sin fe
testimonian
tu vida
rubricada.

Cariño

Quiero hablarte, cariño,
muy flojito, casi en silencio,
para que quieras
acercarte, rozarme,
con el poder que otorga
el tiempo,
que mi entendimiento
se imana
a tu pensamiento.

Quiero verte, cariño,
muy resuelto
para que puedas
desprenderte mi amor
de los envoltorios,
de los adornos,
de lo superfluo…,
de todo lo que frena el aire
y estorba al paisaje
de nuestros cuerpos…

Quiero saberte, cariño,
como una delicia amable
de gestos dulces,
saladas frases
que aderezan la vida
con las risas saludables
que condimentan
el tesoro de nuestra presencia
hacia un estado alcalino
que neutraliza
todos los males.

Quiero
hablarte, verte, saberte,
cariño.

Decir tu nombre

Decir tu nombre
es decir sí al mundo

Es añadir
al pensamiento un
mejor sentimiento.

Es alcanzar
con el bombeo
del corazón
tu sentir
más íntimo
y profundo.
Y desear,
reír, reírnos, reír.

Encontrar
ese punto de inflexión
y saber
que aquí y ahora
es el momento justo.

Desnudos

¿Cómo puede ser
que esto del amor
me esté pasando?
Saber,
que al mirarte
me encuentro en ti
sin disfraces.

Desvelos

Déjame dormir
sin despertarme.
Palpo el hilo
de un fleco que queda,
que me enhebra, sin agujas,
hacia la vibración suave
de la onda del sueño.
No quiero soñar despierta,
pues le robo a la noche
su bien más preciado.
Me escapo de
estar cansada
y hiervo mis deseos
buscando con los dedos
proyectos imperfectos
en la arruga de la sábana.
Solo el silencio me convierte
en la suerte de conseguir
lo que quiero.
Déjame dormir.
Quiero soñar durmiendo,
encontrarme en otros mundos,
entre el cielo y el infierno,
alborotar mis sentidos,
amplificar mis anhelos,
empobrecer mis desvelos,
volar con una escoba
si me hiciera falta
y aterrizar con sosiego.

No tengo el dormir muy profundo,
pero profundos son mis deseos.
Necesito
tirarme en la cama
sin tormentos,
sin ideas recurrentes,
sin extraños sentimientos,
sin culpas por no haber hecho.
Quiero mullirme entre la lana,
viendo venir los sueños.
Como cuando eras niña
y te contabas los cuentos,
que te acercaban
al tronco del árbol
para protegerte del miedo.
Estate tranquila.
Descansa.
La cama es de madera.
Los sueños imperfectos.

Él

Daniel,
te quise antes de conocerte,
te imaginé antes de verte.

Viniste.
Te arraigaste en mí
para darme la fuerza
que necesitaba.
Vivir y ser vida, dándola.
Fue mi dicha,
mi mejor decisión,
gracias a ti.

Cuando supe que existías,
me encontré de frente
con la ilusión y la valentía.
Me regalaste la alegría
que antes temí perder.

Creciste en mí,
sintiéndome
plena
entera
redonda
feliz.
Construimos juntos
una cápsula especial.

Te fui notando
en calma,
tranquilo…,
sin prisa, sin pausa.
Envolviendo cada día
el tesoro de mi vida: tú.

Fuiste
en aquellos momentos
mi mejor terapia.
Sentirte crecer en mí,
demostrando a las adversidades
que no siempre lo consigue
quien más puede;
sino quien más
lo desea.

Yo te deseaba,
te imaginaba,
te quería.
Te arropé feliz
nueve meses de nuestra vida,
en íntima unión exquisita.

Naciste…,
          llegaste…,
transformaste el mundo
en lo mejor.

Mi regalo de vida.
Mi paz interior.

Esa parte de mí
que no se rendía.

Ese ser extraordinario
en quien
te has convertido,
eres tú , Daniel.
Gracias

El encuentro

Has llegado, mi amor,
sin darme cuenta.
De repente, verte
es lo importante.
Acudes sin cita previa
al espacio definido
que anuncia lo probable.

El saber que lo sabes,
el querer que lo sepas.
No importa…,
es el chispazo,
                    el brillo…,
el mundo que despiertas:
el *bypass* de tu llegada,
las palabras que grave pronuncias,
los andares resueltos,
el disfrutar de tu mirada.

Acompañar el momento
imperdible,
nuestro,
sin nada.
Tejiendo frases de encuentro
con hilo de color
que embellece
la escena de un diálogo
sin trampas…,
audaz, repentino,
   espléndido,
que acaricia los sentidos
cuando hablas
sin palabras…

Eternamente tuya,
así , infinita
La vida.

Ella

Carmen…
Creación maravillosa,
poema de una noche de amor…,
mi sangre, mi carne,
la mejor aventura
que pudo el destino jamás anunciarme.

Eres tú
inseparable de mí,
pues, aun a distancia,
mi cordón de plata sigue esperándote
Abrazos, ilusión, alegría.
Mi tesoro eres tú,
quien refleja la luz
que llevas dentro…, tu sonrisa…,
que transformó
mi vida
en un instante…, tu mirada…,
segura, transgresora y salvaje…,
que me clavaste
en el mismo momento de tenerte
y no querer separarme.
Saber que era madre y abrazarte…,
desde el día uno de tu vida,
mi vida ha sido mirarte…,
quererte sin pausa,
saberte segura,
desearte feliz…, Carmen…

Tu carácter ,
torrente inagotable,
                    insoportable,
                     admirable...,
de tu ser potencialmente agradable.
La expresión de una vida desbordante,
infinitamente tú ,
Carmen, mi niña
nada hay en este mundo que nos separe.
El diagnóstico de ser madre
es la mayor gentileza que tiene la vida con la vida
y el vínculo irrepetible
de nuestro sentimiento,
que transforma el amor en más amor , si cabe

Hija...,
te quiero libre...,
te necesito feliz...,
sé prudente , ¡ya eres inteligente!
Son tan bellas las imágenes , tú ,
que ayudan a socorrer lo precioso del alma.
Gracias.

Fracturas

Entre las líneas del papel
y las de la vida
hay un momento que
parar y reparar
las fracturas
que
rompen,
adormecen,
entorpecen
y duelen
al quehacer de los días.

Cuando cierras los ojos
y el atrás, lejos ya,
te enternece…,
no queda más
que el recuerdo
del olor, del sabor
y de las sonrisas
que permanecen.

Frontera

No hay que esperar
que la frontera invisible
de nuestras voluntades
acerque las víctimas
de quienes no quieren serlo.

Tampoco hay que esperar
que les tiendan la mano
mientras no les auguren
un bien concreto.
Es muy difícil
anticiparse a otros deseos.
Es muy complicado
hablar idiomas y que no
quieran entenderlos.
Es muy significativo
que no adopten
formas analgésicas
que formalicen un declive
del caos que se avecina.
Qué temeridad más grande
tratar con tantos egos
que indudablemente anuncian
un ladrido eterno.

No tengo fuerzas, mi amor.
No puedo.
Mi corazón más temerario
se inunda
en un charco de mar enrabietado
que declama un cielo.
Y no hay nada de valor
en todo esto…

Veo pasar la bandada de grullas
que migran
anunciando los cambios.
Veo caer las hojas,
aún con calor y sin color,
sin querer verlas;
pues es un llanto de árboles
que deja un ramaje tullido.

Veo aparecer tímido
el brillo de la Navidad
en la ilusión
de quien cuelga una guirnalda
por costumbre.

Y todo es bondadoso.

Las borrascas no vienen solas,
son generosas también,
traen la lluvia
y una luz más oscura
que inutiliza las tardes
con una tristeza absurda,
en un horizonte en paralelo
que no me asegura
que la tierra es redonda.

Imagino allá, en el sur,
un cielo rosa aflamencado,
portador de otros aires,
de otros vuelos,
que module
la onda expansiva
del atrevimiento.

Conservo en mi retina
el movimiento suave
de los álamos del norte
bailando el *Lago de los cisnes*,
de Tchaikovsky.

Toda la vida,
como una ofrenda
continua de flores,
se disipa
en la frontera invisible
con las partículas flotantes
mezcladas con polen
que aparecen
para enmarcar en dorado
el relieve
que dibuja tu haz de luz
sobrenatural,
consiguiendo que lo invisible
sea accesible,
traspasando la frontera.

Fugaz

Siempre
trapicheando la mente
con la inconsciencia barata
de proteger la desdicha.
Siempre
acercando los destinos
sin pagar billete;
intimidando el deseo
de quien quiere y no puede,
para encontrar la salida
más fácil y más hiriente.
No te vengas arriba, no…,
así no es la vida:
mentiras a medias
y
medias verdades…
Siempre
somos lo que hacemos
sin darnos tiempo
a mejorar lo que somos,
Galeano.
Siempre
titubeando en un yo
que persigue a un ego absurdo…,
siempre,
fugaz de tu propia dicha
para no cambiar el mundo
que te acoge
sin aplausos.

Horizonte

s normal
ue me emocione.
ecónditos atardeceres
n el umbral del horizonte.

uando la mirada
s el recuerdo
las risas
on el entusiasmo…
istante
nas millas, unas brazas…
ercana
on la imagen
ue vislumbra revoloteando.

l ave
ue me trae y acerca
que el horizonte tiene.
o hay
risa,
i viento,
i lebeche…
ue pueda alejarme tanto.

iciembre de 2021

Hiedra y escarcha

Extiendo el folio en blanco
y sé que me estás esperando.
Tan obstinado, perspicaz, inesperado.
Te veo allí, al final de la calle
con la rodilla doblada, confiado.
Apoyando la planta del pie, en firme,
racimando tus pensamientos
al muro medieval de la esquina,
como si fueras a plantar tus ideas
con hiedra y escarcha fina.
¡Qué incertidumbre más ansiolítica
saber que estás soportando
todo el peso de tus deseos
en un solo pie!

Sé que eres frágil,
te puedes romper.
El edificio
en el que tú te apoyas
puede vencer
y venirse abajo.
Acelero entonces mi paso.
Mi pelo suelto, estelado,
confirma la velocidad que llevo,
las ganas del tiempo que no te veo
y te estoy esperando.

Se me cruza
sin remedio, sin saber de dónde sale,
un patinete eléctrico
que casi me estrella contra el suelo.

Pero te miro y te veo
y voy llegando...
Todavía no te llamo,
pues el ruido de la calle
no es proporcional
a la fuerza del sonido
de las ondas de mi eco llamándote.
Un taxi pitando,
un niño llorando,
el viento agitándolo todo y
empujándome con más fuerza a tu encuentro.
¡Qué calle más larga!
Qué instantánea más preciada
seguir viéndote,
mirando a cualquier parte
sin renunciar a verlo todo.
Eres mi meta, pero sin bandera.
Eres mi diana, pero sin dardos.
Eres tú, pero sin tiempo.
Qué emocionante saberte más cerca,
mi corazón palpitante,
oxigenando vida por todas partes.

Ahora sí te giras. Me has visto.
Tu cuerpo hermoso sonríe
sin timidez.
Con la alegría de lo cierto y verdadero.
Como tú. Extiendo mis brazos.
Dos pasos más y somos nuestros.

Impresionismo

El perfil
ese que con tanta destreza
redondea la esencia
de mi encuentro.

Mi perfil, tu perfil,
que hallándose
frente a frente
perfecciona el puzle
de nuestro entendimiento.

Su perfil,
que invita a un espacio
más abierto
Marcando a trazos negros,
el esbozo impresionista
de unos cuerpos bellos.

Retomo aquellos pasos
que me acercaron curiosamente
a tu encuentro…,
que transformó mi vida
en aire, mar y fuego.

La tierra soy yo.
Plena de erupciones,
arañada con fallas
y sembrada de amores.

La tierra soy yo.
Libre, fuerte, paciente…,
con pozos de agua subterránea
que sacian mi sed ardiente
y refrigeran,
de cuando en cuando,
con gozos de amor
la belleza
del cuerpo y de la mente.

Y yo me transformo
a su encuentro,
con el aire, mar y fuego…,
en todo aquello
que respira vida.

Impulso

Torrente de vida,
motor que ilumina
tu furia salvaje...
Controla tu impulso
de bestia indomable
y echa las anclas
a tus pies vacilantes...

Y piensa
solo por un momento
en la soledad.

Inevitable

De repente
me miraste
sabiendo que me buscabas
más allá de tus fuerzas.

De repente,
siempre a tu lado,
te cogí de las manos,
te acogí en mis brazos
buscando el remedio
para calmar tu agonía.

De repente
estabas y ya
me mirabas… perdida.
Mi ansiedad por ayudarte
pulsando tu corazón
como tecla de vida,
siempre tan fuerte,
me paralizó
en desconsuelo
absoluto
al sentir que tu luz,
ya no se encendía.

De repente, por primera vez
en nuestras vidas,
no supe qué hacer, mamá.

De repente
aparecieron todos aquellos pensamientos
que supuse alguna vez reales,
que llegarían.
Ahora, con la muerte
entrando en la habitación,
no los quería.

De repente
voy y vuelvo,
pienso sin saber pensar,
te veo ahí, tan quieta,
sin respirar…,
que mi vida ya no es vida, y me ahogo.

Te llamo y te quiero reanimar,
darte pulso con mi impulso,
vida de mi vida,
ayudarte sin más:
¡mama!, ¡mama!

De repente
ya no me contestas.
Tu voz, tan dulce,
se acalla.
La distancia
entre la vida y la muerte
es tan corta…
que notaba cómo te alejabas.
Solo pasaron quince minutos,
me dejaste tu cuerpo,
te llevaste el alma

De repente,
contigo, pero sin ti.
Siempre tú:
preciosa y preciada,
buena y bondadosa,
amada y amable.
Todo en ti, mamá,
es, era tan atractivo,
que deseaba, deseo,
aún irme contigo,
acompañarte y asegurarme
de tu bienestar.

De repente
las sirenas de mil naufragios
se escuchan en la calle.
La dotación médica
sucumbe en la casa
y rompe el *shock*
de la verdad
para ponerle nombre
sin pulsaciones reales
a las 19:35.

Todo es calmo,
pero sin ella.
Mi rabiosa tristeza
se estrella
frente al espejo de lo real.
Las palabras del enfermero,
los papeles para el médico,
las instrucciones del auxiliar.

Y yo, mirándote, sorda ,
muerta de miedo,
sabiéndome perdida
al no tener
la entereza de tu mano.
Busco en tu corazón la fortaleza
apoyando mi oído sobre él
para escucharte a ti…
Sin palabras,
sin latidos.

De repente
el todo es efímero.
Sobre ti extiendo la sábana del presente,
de todo el amor, cariño, respeto ,
que forme tu atuendo
para esperar el paso fúnebre
que con un llanto muy hondo
me nace sin cesar.

De repente,
y es inevitable.

Inmortal

La última vez
que me vestí de verde
encontré en mí misma
un atrevimiento extraño.
Ese día no sabía
qué razones
o cómo me convencí
para resaltar, como nunca,
con un iluminador verde raso.
Decidí ese día
encontrar la alegría,
cargarme de vitaminas
con los matices
que un color puede aportar.
Ese día no me sentía
extraña , pero intuía
que algo podía pasar.
Te encantó verme así,
resuelta, tan guapa,
como me decías.
Te ofrecí sin darme cuenta
la mejor imagen de mí.

Te llevaste
en tu retina
la alegría de un vestido
hasta las rodillas,
vaporoso, fresco,
que me invitaba a bailar,
a girar sobre mí,
para que tú disfrutaras
del momento
como si fuera tuyo.
Mi ilusión
era acercarte a tus recuerdos,
de tus bailes, con piano,
con tus hermanos
en el campo
que tanta naturaleza te dio.
Sana,
segura,
amable.
Siempre he querido
parecerme a ti,
pues eras perfecta.
Tu saber estar.
Tu alegría.
Tu sencillez.
Tu bondad.
Siempre ahí,
constante, presente.

Inmortal.
Esa fue
la única vez
que me vestí de verde.

Las huellas

Marcando las huellas
del fluir de los aires,
saboreando el picante
de tus flores de espuma,
que envuelven, con fuerza,
el regalo del tiempo
que acompaña
el caer de la lluvia.

Sonoras sorpresas,
sonrisas sonadas.
Aplausos de niños
que alegran la calle,
disfrutando el tiempo,
reposando la vida
sin prisas, con calma.

Marcando las huellas
del fluir de los aires,
envolviendo de abrazos
el amor a la vida,
sintiendo los abrazos
como un despedir asfixiante
que te nubla la vista
del porvenir inquietante.

Amores en calma,
sonrisas amables,
almas azules,
corazones indomables.

Lo importante

No hay nada
que pueda destruir
lo importante.

Ni el glosario de buenos consejos
o la rutina de los esperpénticos,
ni el confort de los acomodados
que aspiran a ascender
a un hemisferio capaz
de seducir a una mosca.

Lo importante
es vital.

Está en ti
        cuando observas
                con mimo
        la flor del cactus
                que nunca brota.
Está en mí
        cuando te miro, sin fijarme,
        sin saber por qué te miro.

Está en el sitio
de esas pequeñas cosas
que nos acercan
sin traspasarnos.
Está en el despertar
cada mañana
de mis ganas
buscando tus abrazos.

Lo importante
esta en nosotros,
en lo nuestro…,
en aquello que siempre
defiendes
a capa y espada.

Está en nuestros hijos,
que nos honran
y demuestran con orgullo
de qué están hechos
y a quién guardan.

Lo importante
no es lo urgente.
Lo importante
es lo que nos llama,
es lo que nos queremos
y los sueños que tenemos.

Lo importante
es cada día
ver pasar el agua.
Refrescarnos en nosotros
recordando alegremente
qué hicimos,
dónde fuimos,
por qué estuvimos
y sin nostalgia.

Lo importante
es hoy...,
pero también mañana.

Meditaciones

Navego
por las vertientes fluviales
de mi cerebro
poseído
del rojo de las vendimias,
cual sangre de dioses;
y del ocaso, naranja de los atardeceres,
del sur que me habita,
sin finitud,
sin presencia física,
solo
dejando escapar una palabra
que encauce el viaje.
Libre.
Recorro
suspendida entre los surcos
todos los pensamientos
y colores que he visto
entre célula y célula
de mi tiempo voluntario
                                        estructurado
que no me deja retroceder,
pues es puro oxígeno
la sinapsis que enarbolan
los ritmos alfa
hasta el sinfín.

Quiero atravesar
los seiscientos cincuenta kilómetros
que hay de un lado a otro
de mi bóveda de misterio
hacia los hemisferios felices
llenos de consciencia
y acople perfecto,
pero sin energía,
pues no hay bondades
con las distancias
que nos palpitan.
Descubro la fisiología
de mis creencias
sin límites:
solo la oscuridad es eterna
y me ciega en el vacío
de mi inconsciencia.
Transito vulnerable
entre las sórdidas
esferas de la carne,
sin desperdicio,
ahuyentando el ladrido
del lobo errante
que se asusta
al verme forajida.
Libre.

Pronuncio la alegría
de quien no sabe evaporarse
y me envuelvo
de un plasma
que me torna transparente.
Navego por las rendijas y atajos
donde muda no me reconozco
y enciendo una vela para quemarme.
Libre.
Me quemo.
Exclamo sin sollozos
el sentir de mi hervidero
que se hace viral
para el pozo eterno del recuerdo,
de los que exponen sin saber
que no saben lo que hacen.

Me transmuto, me revuelvo
cuando aparece otro dolor punzante,
sentimiento extravagante, extranjero,
que me condiciona
a un fluir más lento.
Navegar ya no me emociona.
Abro el paraguas
de la cueva de mis sueños
y flotando sobre él
busco el faro
para llegar a mi ínsula,
a mi yo más perfecto.
Me lleno de inspiración.
Flotando encuentro
otros ritmos, otros colores, otros vientos
que me facilitan un saber más extenso.
Sorprendida y emocionada
moldeo en el recuerdo
la belleza del momento
que me ha transportado
tan adentro.
Libre.
Sin límites.

Mi amor

No hay belleza
sin tus ojos.
No hay luz
sin tu mirada.
No hay vida
sin tu alma.
Todo está en ti
cuando me abrazas.

Diciembre de 2020

Mi Dios

Tengo a Dios
encerrado en mi pecho,
sin dejarme decir
ni una sola palabra.
Sé que está presente
ahí dentro ,
pues me está manipulando el alma.
La tierra, mi cuerpo,
mi ser más fuerte
anclado,
como un árbol herido,
se ausenta por momentos
cuando mi mente
profusa
acecha el presagio omnipotente.

Me divido en dos:
el cuerpo y el alma,
la materia viva y la materia inerte.
No hay duda, Señor,
de que mi conciencia me habla.
No hay duda de quién está presente.

No soy divina,
soy humana…,
y como tal quiero aprehenderme,
quiero arrebatarme de mí
a mí misma,
salvando el espíritu
incoherente…,
el que me hace rezar
un rosario de lágrimas
buscando
los misterios de mi alma,
acariciando
las decenas de cuentas
del cariño eterno.

Mi nombre

Cuando me nombras,
las luces y las sombras
se resaltan,
me transforman.

Cuando me nombras,
mi estado puro
se oxigena y
me conduces a la mirada
que tanto sabe y
te busca
para encontrar mi nombre
saliendo de tus palabras.

Cuando me nombras,
sé que el universo y el resto
es mío,
que no existe otro momento.
Que soy yo, con mi nombre,
a quien deseas,
quien te suma,
a quien te acercas,
quien te ama.

Cuando me nombras,
allá donde estemos,
mi ser es más amplio,
                                        versátil,
                                            fugaz…,
mi alma es más tuya.
La vida con nombre es más mía
y más verbo al pronunciar.

Cuando me nombras,
resuelvo de un plumazo
aquello que me aparta,
aquello que no importa.
Mi nombre, en tu boca,
entre el caos y la alegría,
me asegura con tu voz
lo tangible de mi vida.
            Ahora
mi nombre en tu dicción
se hace tuyo,
soy entonces,
¿más de ti que de mí misma?
Acaso me desentiendo de mí
¿para entenderme en ti?

Cuando me nombras,
la chispa de mis ojos
me delata.
No hay nada turbio
en el escaparate de mi mirada.
Si hubiera enfado,
siempre hay alegría
con unos besos…
Lo sincero es acercarme,
desearme en ti
al saberme llamada.
Y es ese instante
el mejor acontecimiento.
Lo dejo todo
y me instalo en ese nosotros.
Me traslado a otro mundo,
me convierto en lo que tú quieras,
me disfrazo de imaginación
para ti.

Cuando me nombras...,
se disipan sin dudar
todos los miedos.
Me empoderas de mi ser más fuerte
para convertirme en mi yo más deseado.
Me ofrezco entera
sin cortafuegos,
con la mirada infinita,
llenas las manos, suaves,
deseando ese instante
de mi nombre en tu encuentro.

Cuando me nombras,
los azules de mi vida
se geometrizan
en todos los paraísos
de todos los cielos
que tú y yo hemos visitado.
No hay gloria, ni felicidad
más grande
que me nombres.
Mi destino está en mi nombre
cuando tú lo pronuncias.

08-12-2020

Nada

Extraño
reflejo
de un mar
sin fondo
que se escapa
con la brisa
del viento
sin mástil,
sin velas.

Todo en ti
llano,
sin forma
que produzca
el placer
de mirar.

Todo en mí
absurdo,
sin fe,
sin querer
ver.

Parece

Parece que todo sigue igual
mientras las campanas
de la iglesia
repliquen a todas horas.
Pero las hojas al caer
no se mueven como antes,
ni las olas al llegar
mojan con agua salada,
ni el semáforo parpadea
cuando cruzo por la calle,
guiñándome
para dejarme pasar.
Lo de aquí es diferente.
Esperar que sea la hora
para cerrar tu oficina
y comprender que no
se nos haga tarde
para arrimarnos al baile.
Las prisas con el amor
no están bendecidas,
pero para el amor sin prisas
llegas tarde.
Lo del más allá sigue igual,
aunque la vida a tus pies
siga cambiante.
Unos vienen y otros van.

Y parece que todo siga igual
mientras las campanas
de la iglesia
repliquen a todas horas.
Qué extrañeza la mía,
si con el paso del tiempo
me quedo sorda
y los sonidos familiares
no los voy a escuchar…,
entonces
mutaré mi cuerpo a otra vendimia.
Me tornaré boca abajo
y me vaciaré entera.
Dejaré que todo mi ser
salga, como un vómito
purificador
de flores egipcias.

Desconectando mis órganos,
ramificando mis nervios
ya dormidos,
declinaré a mis músculos
ya sin fuerza
el agotamiento antes prohibido
y sin razones vitales,
abdicará mi cuerpo
en la liturgia de donar
sus dones a otros heridos,
sin alas, sin latidos,
hechos añicos ,
seres mortales llenos de amor.
Y ya,
vacía de todos mis tesoros , sin males,
sobre el frío del acero,
sin sentimiento,
sin sangre,
ya no te querré.
Y parecerá
que todo siga igual
mientras las campanas
de la iglesia
repliquen a todas horas.

Pandemia

Sola,
así te das cuenta
de que no hay nada imprescindible.
Sola,
así te das cuenta
de que no hay nadie infalible.
Sola,
así te das cuenta
de que el presente es hoy,
que ayer ya pasó
y mañana
es el futuro que ha de volver.
La dicha y la alegría
es semilla de cada día.
El amor y el deseo
es tierra que me cultiva.
Que tus manos y tu mirada
son el abono de mi recuerdo.
No hay momento del día
que esté conmigo misma
sin querer.

Sola,
así te das cuenta
de que al abrir la ventana
te enfrentas
al aire
como única
                    certeza
                              de libertad.
Miras afuera,
no hay nadie,
pero escuchas el silencio
de nunca jamás.
Sola,
así te das cuenta
de lo importante que eres.
Solo,
así te das cuenta
de lo sola que estás.

Abril de 2020

Refugio

Adoro el cuadro pintado
en la puerta del armario
del mueble bar.
Me transporta a un lugar
al que nunca iré,
pero siempre estoy.

Es de un realismo
que me absorbe de lleno,
bien parecido a un Courbet.

Tiene la magia
de los colores de ensueño,
que consiguen transformar
un espacio único
en el lugar verdadero.
Con ramajes
de árboles invisibles
que nos abanican,
sin levantar el polvo,
de la vitrina de los recuerdos.
Es maravillosa la casita
junto al estanque
sin dragones de fuego.
El verdor del prado del fondo,
la comodidad de las ropas dibujadas,
los pájaros que vuelan sin moverse.

Es un rincón perfecto.
Lo considero un refugio
para mi mirada.
Es el lugar de encuentro
de todos los espacios
que enarbolan nuestro deseo
dulce, feliz, presente
en las quimeras del ingenio.
Me veo dibujada allí,
trepando el árbol seco,
abriendo las puertas del granero,
escuchando el cacareo
de un pollo viejo y
encendiendo la chimenea
con los troncos del aserradero.

Parece fácil la vida ahí
Solo hay que abrir
la puerta del armario y
coger el *whisky*,
que es quien
esconde tantos secretos.

Sílabas

Palabras
que no son nada,
que crecen,
pero no sienten.
Ilusión
pérdida.
    Palabras,
    componentes elementales
    de un mundo… que habla.
Pero ¿qué hay?
Algo, palabras,
    ciertas, sentidas,
    de un mundo… que muere.

Silencio

En el tiempo
que todo lo teníamos
sufrimos tú y yo
el silencio de un amor
a escondidas.

Refugiándonos entre las sábanas
de plata…
y cordones de esperanza…,
liando nuestros cuerpos
hasta las entrañas
de nuestras ganas.
Amándonos sin miedo.
Mirándonos como espadas
que se enfrentan
a la lucha, cuerpo a cuerpo
del amor en la batalla.

Encendimos una vela
como si fuera una antorcha,
ante la desventaja oscura
de ese amor en silencio,
que susurra el espíritu del viento,
que se filtra sin cesar
por el filo de la ventana que mira
allá donde el mundo no tiene fin.

Y como quien ofrece una tregua
abrimos la gran puerta
que mira al mundo
que murmura
y le gritamos del amor nuestro,
el de cada día en silencio,
el que agota
hasta el último momento
su perfil de caricia,
su gesto de inocencia,
su continuo desvelo.
El que no se interrumpe
ni es molestado.
El que demuestra cálidamente
su querer acompasado.

Ese amor nuestro,
que nadie conoce
y que todos envidian.
Pues crece
con raíces en agua
hidratando la vida.
Esperando el momento
de fusionar su salida
evitando la hecatombe
de un corazón sin medida,
que nubla el ojo de la razón
y no deja ver
lo que quiere.

Sin despertar

Se encuentra ante su risa
sin despertar ningún ruido,
cuando el tenue silbido del viento
paraliza su andar.
Y dice:
«No tengo miedo,
tengo frío,
espero sin respirar
que pase el silencio tranquilo».
No hay prisa, es domingo
y no hay nada que hablar.
La tele en canal continuo,
el vino sobre la mesa,
el pan crujiendo caliente
con el horno a medio gas.
La sonrisa de una pieza
y la servilleta sin doblar.
Esto es todo, señores,
no hay mal que por bien no venga.
Se encontraron a ciegas
y siguen sin despertar.

Sin paz

Reducida ante
ideas, visiones, conflictos,
pensamientos fugitivos
que intercaladamente esperan.
Provisiones en sentimientos,
sentimientos en espera.
Paradas intermitentes
de sucesiones infinitas,
de recuerdos que llegan
y que nunca se olvidan…,
ideas en provisiones,
pesadillas en espera…,
un mundo
en el que todo se me acerca…,
pequeño, irreductible,
en escaladas proliferantes,
con permanencia inestable,
en alboroto de
ideas, visiones, conflictos.
Un arco irresistible
de proyecciones infinitas
que revolotean incesantemente
en el filo de mi vida.

Sin ti

Cada día mi tristeza es más grande.
El espacio que tú ocupabas
era superior
a cualquier medida,
a cualquier estancia,
a cualquier lugar
de la casa, vacía sin ti.

Mi vida a tu lado
ha sido un mano a mano.
Un tiempo maravilloso
al sentir que la felicidad
es, solamente,
vivir y dejar vivir.

Disfrutar del presente
y agradecer cada día.
Mi orfandad es absoluta.
Me refresco en tu alegría
en tu afán inmenso
de ver las cosas bonitas.
De sacar lo bueno,
de entregarte a la vida
con esa bondad tan preciosa,
sencillez, sabiduría, amor
y, finalmente,
tú.

Tu saber estar,
tu mirar sin mirar,
tu dulce voz,
tu cariño inmenso
Ahora, todo, sin ti.

Qué difícil
abordar cada día
buscando tu aroma,
el hueco de tu silueta.
Qué pesado el tiempo sin ella,
la vida entera,
sin ti.

Solo tú

Ven,
acércate
        sin miedo…
Ven
a por mí.
Llévame
envuelta en tu cielo
y ámame
hasta el fin.

Ven,
acércate
        sin pausa…
Aprovecha
el impulso
que impacta
en mi cuerpo
para arrastrarme
a ti.

Ven,
acércate
        sin duda…
El tiempo pasa
y quiero estar feliz.

Ven,
sedúceme,
atrévete,
conviérteme
a ti.

Solo tú,
que sabes cómo siento
y conoces mis desvelos…

Solo tú,
que quieres
lo que quiero.
Acércate,
ven,
alíviame
del peso
que siento yo sin ti.

Sin miedo, sin pausa, sin duda…
Ven.

Sombras

Anfibios recuerdos que
se cristalizan
con la llegada
del frío de otoño,
sin nieve.

Púrpuras escenas
entre el cobrizo paisaje
de los pasos
sembrados de hojas secas,
que acompañan
revoloteando en el aire
cuando paseo
con las alegrías y las penas.

Todo es perfecto
menos yo…
Y eso me alivia,
pues merezco un descanso y
un resurgir de mí misma,
olvidando las
capas de mi vida
arrepentida.
Presagios en desconsuelo,
sórdidas formas atrapadas.
Vasos comunicantes que
se desbordan
sin derramar nada…
Cenizas de otro yo
en cautiverio
con estratos indisolubles,
de vidas indefinidas,
atrapadas, sin eslabones,
en el tiempo que están
y no se dicen nada.

No son cariños olvidados:
son colores que no
resplandecen,
pues no hay sol
en esas sombras
que sin querer
se oscurecen.

Tiempo

Es mi mano
la que acerca mi deseo
de encontrar la tuya.
Es cierto.
Solo comprende
las órdenes de dentro
que, seguras,
atraviesan la barrera del miedo.
Ya no son palabras,
son los hechos
que insinúan
el querer sonriente,
la alegría de un momento,
la felicidad del encuentro,
el gozo de saber
que mi cerebro late
con el corazón que razona,
que mi vida está envuelta
en el palpitar de la tuya.
Que te quiero
y te miro,
y duermes,
y lo sabes,
que mi tiempo
es tuyo,
pero no me espera.

19 de marzo

Tus manos

Cuando tus manos
se cruzan con las mías,
entretejes con los dedos
una esperanza
que simboliza una eterna compañía.

Cuando tus manos
se extienden libremente
y entre el hacer o no hacer,
tú nunca paras,
te ofreces llanamente,
encontrando el refugio
en mi mirada.

Cuando tus manos
pasean por mi pelo,
descargo con placer la tensión que llevo,
siendo tú mi toma a tierra,
coronándome de luz nueva
a ras de piel.

Cuando tus manos
abren sus palmas
y dejas que repose mi corazón
cansado…,
son tus manos solo
las dueñas del amor que te tengo,
las dueñas del quehacer cotidiano.

Son tus manos
la fuerza
que ahuyenta
la tormenta, la pena,
la despensa vacía.

Con tus manos
aprendo
a no venirme abajo,
pues me sostienen
con firmeza…
cuando tropiezo
por el paso acelerado.

Tus manos,
la parte de ti que me provoca,
pues consiguen estremecerme
sin mutilar mis emociones.

No te alejes,
por favor…
No me dejes sola,
tus manos y tú,
por siempre, presentes.

UCI

Cierro
los
ojos,
surco
el
relieve
de
tu
presencia
con
mi
deseo.
Aún no estás.
Te he transformado
en el recuerdo
más prodigioso,
valioso,
inesperado.
Te he convertido
en el azul
del cielo más claro,
del mar más profundo.

La vida, nuestra vida,
en otra dimensión,
cargada de tonos cromáticos,
                de tonos musicales,
sorda sin las voces
que me erizaban
en la noche
al susurro de las caricias,
dándole forma a mi piel,
tono a mis impulsos.
Mensajes sin decir nada
escritos con la mirada
sin verte,
mantenidos
por la bóveda del estribo
Como piezas únicas,
pequeñas,
                irreemplazables,
                de un engranaje
que sordo está
del silencio de las palabras,
sin eco,
sin relieve,
sin voz,
sin ti.

Última estrella

Aparezco a oscuras
palpando el aire
como si llevara
una venda desafiando
los espacios y los miedos,
sobornándome la vista.
Quería llegar
hasta la última estrella
sin apuñalarla
y, desafiante, con el florete en mano,
encender una antorcha
que me iluminara
hasta la cima.
No quería llegar más allá.
No quería ver los astros,
ni los cometas, ni los satélites
que oscilan
sin dueños
alrededor de las raíces
de la tierra flotante
en el universo eterno.
En la última estrella
está mi desafío,
mi colgadura,
mi imaginario.
No espero ver un elefante.
Solo que la boa no me atrape.

Viento

¿De dónde sales?
¿Por qué vienes?
¿A dónde vas?
Viento,
aire enfurecido
de las entrañas
de lo eterno.
Fuerza motriz
que invisible
atraviesa
lo sólido y lo etéreo.
Viento,
enviado de otros mundos
a descubrir lo superfluo.
Olas, raíces, hojas
que revueltas
bailan en torno
a los cuerpos
que se exploran
al sentir desnudos
la caricia del encuentro.
Viento
que cambia de dirección
sin saber por qué,
dibujando una rosa
que del norte al sur
focaliza un camino de luz
y arrastra el querer
de los que no pueden seguirlo.

Partículas elementales
que oscilan vacilantes
en el universo eterno
hasta descubrirse a ellas mismas
torneando en el tiempo…
Una piedra, una greda,
viento a viento,
tiempo al tiempo.
Con la constancia
de quien sabe…
Esculpiendo voraz
la ingravidez oculta
del mensaje del universo.

Viento que acompaña
al frenar en una espalda
empujando el andar
del ir sin rumbo.

Viento sin fronteras,
viento sin escalas,
viento sin saber
qué tempestades ocultas.
¿De qué era vienes,
si te repites,
si te cansas
de ser siempre fuerza
sin encontrar la calma?

Viento, ven…, baila.
Te espero, te quiero, te anhelo.

Viento, energía armoniosa
que altera las formas
de mi pensamiento
y me envuelve, continua,
en una espiral de
juego, dulzura, gracia…,
descubriendo
la presencia infinita
del tiempo con el viento,
del cuerpo con el alma.

Y sabor a despedida

Posiblemente ocurriría así,
te miraría con una sonrisa
de alegría, de esperanza.
Te besaría con unos labios
de calor, de amor...
Y así estarías en mí,
así te diría adiós.
Sin palabras,
con un dulce sabor.

Índice